JN423334

나님의 힘한 사람

단박에 따라잡기

KIWY 청소년성경공부 학생용

하나님의 사람

단박에 따라잡기

좋은씨앗

KIWY 청소년성경공부 시즌 투 ❹ 인물탐구 (학생용)

하나님의 사람 단박에 따라잡기

초판 1쇄 발행 · 2013년 4월 22일
초판 3쇄 발행 · 2018년 10월 12일

지은이 · 문근식
펴낸이 · 신은철
펴낸곳 · 좋은씨앗
출판등록 · 제4-385호(1999. 12. 21)
주소 · 서울시 서초구 바우뫼로 156, 402호
주문 전화 (02)2057-3041 / 주문 팩스 (02)2057-3042
www.gsbooks.org

ISBN 978-89-5874-204-3 04230
ISBN 978-89-5874-161-9 (세트)

신앙 인격이 형성되는 청소년기는 체계적인 성경 교육이 무엇보다 중요한 시기입니다. 그러나 안타깝게도 현장의 공과 교육은 그야말로 말라죽기 직전의 상황처럼 보입니다. 어떤 특정한 프로그램이나 교재가 이러한 상황을 한 번에 뒤집어놓을 수 있다고 여기는 것은 대단히 어리석은 일일 것입니다. 신앙 교육의 근간은 하나님의 은혜 안에 견고하게 뿌리내린 교육자들입니다. 그래서 하나님께서 교회에 사도와 선지자, 복음 전하는 자, 목사와 교사를 주셨다고 성경은 말합니다(엡 4:11). 그러므로 청소년 목회자와 교사들의 부단한 인내와 인고의 열정이 이 땅의 청소년들을 다시 일으키는 가장 중요한 밑거름이 될 것입니다.

교재는 그들이 손에 쥔 도구입니다. 도구는 얼마나 크고 화려하며 강한 것이냐가 아니라 손에 얼마나 알맞은 것이냐가 중요합니다. 다윗의 손에 잘 맞는 돌멩이 하나가 골리앗을 쓰러뜨리기에 수많은 칼이나 창보다 적합했듯이 말입니다. 〈*KIWY* 청소년 성경공부〉 시리즈는 책상이 아니라 현장에서 나온 교재입니다. 어떻게 하면 하나님의 귀한 말씀을 아이들에게 잘 먹일 수 있을지 오랜 시간 고민한 현장 사역자들의 수고가 담긴 교재입니다. 오랜 시간 동안 장인의 손으로 매만진 도구입니다.

이 교재를 집어든 현장 동역자들이 손에 딱 맞는, 그래서 내 몸의 일부처럼 움직일 수 있는 편안한 도구를 만나는 반가움을 경험할 수 있다면, 저희 집필진들에게 더할 나위 없는 기쁨이 될 것입니다. 부디 여러분과 이 돌멩이가 함께 난공불락처럼 보이는 신앙교육에 대한 여러 도전들을 격파하는 귀한 하나님의 도구가 되기를 간절히 기도합니다.

_ 이재욱 목사

KIWY 청소년 성경공부 목표

- 청소년을 전인적 그리스도인으로 교육하고자 합니다.
- 공과만 충실하게 해도 학습, 세례, 입교 교육이 충분히 될 만큼 교리적, 실천적으로 균형 있는 신앙관을 제공합니다.
- 보다 쉽고 친근하게 주제에 다가갈 수 있도록 구성했습니다.
- 부족한 시간과 시설 때문에 고민하는 현장 교사들의 상황을 고려하며 대안을 제시합니다.

KIWY 청소년 성경공부 구성

본 교재는 교리탐구, 경건생활, 사회생활, 인물탐구 네 분야를 1년 48주에 걸쳐 3년 동안 교육하도록 구성되어 있습니다. 각 권은 12주 과정입니다. 선택적으로 사용할 수 있는 특별과정 교재 1권이 따로 제공됩니다.

- **교리탐구** - 그리스도인이라면 반드시 숙지해야 할 기본교리를 살펴보며 하나님과 나에 대해 알아갑니다.
- **경건생활** - 그리스도인으로서 추구해야 할 경건을 배우고 익히며 실천하도록 독려합니다.
- **사회생활** - 청소년 그리스도인들이 세상에서 부딪히는, 또 앞으로 부딪힐 필수적인 실천 주제들에 대해 성경적인 관점을 확고하게 정립합니다.
- **인물탐구** - 성경의 주요 인물을 성경의 큰 흐름에 따라 살펴보며 하나님이 어떻게 각 사람의 인생에 개입해 큰 그림을 만들어가시는지 배웁니다.
- **특별과정** - 개 교회의 주요 행사 및 절기에 맞는 공과 진행을 돕습니다.

* 자세한 커리큘럼은 www.gsbooks.org를 참고해주세요!

하나! 공과 교재가 쉽다

공과 반은 다양한 수준의 학생들이 모여 있으므로 공과는 누구나 쉽게 접근할 수 있는 것이어야 합니다. 학생 수준에 따른 심화 교육은 리더훈련이나 제자훈련 같은 별도의 양육과정에서 하는 것이 바람직합니다.

둘! 길거나 복잡하지 않다

현장의 공과 환경은 공과를 오래 끌기에 무리가 많습니다. 적어도 30분 안에 끝낼 수 있도록 교재를 쉽고 단순하게 구성했고, 성경 본문을 별도로 찾을 필요가 없도록 문제와 함께 제시합니다.

셋! 다양한 주제들을 다룬다

쉽고 단순해도 청소년 시기에 분명히 다루어야 할 주제들을 교리탐구, 경건생활, 사회생활, 인물탐구 분야별로 풍성하게 다룹니다.

넷! 말씀 중심이다

분명한 말씀 전달 없이 주제 하나 놓고 어영부영 자기 생각만 나누다가 공과를 끝내서는 안 됩니다. 말씀만큼은 주입식 교육이 확실하게 이루어져야 합니다. 믿음은 '들음'에서 오지 '토론'에서 오지 않습니다.

다섯! 주제가 명료하다

귀납식 탐구 학습은 그 나름대로 장점이 있으나 현장의 제한된 환경에서 시행하기에는 다소 무리가 있습니다. 본 교재는 본문에서 얻는 교훈을 단순화해 적어도 한 가지 주제만은 분명하게 기억하도록 돕습니다.

여섯! 구체적인 실천 과제를 제시한다

공과가 생활 속 실천으로 이어지도록 구체적인 과제를 제시하고, 이를 통해 교사가 학생들을 주중에 심방하도록 구성했습니다.

일곱! 시선을 사로잡는다

한 눈에 들어오고 청소년들의 취향에 적합한 디자인이 되도록 노력했고, 학습 의욕을 북돋는 삽화와 만화를 도입부에 수록했습니다.

C.O.N.T.E.N.T.S

너, 어디까지 가봤니?

연대를 표시하는 B.C.(기원 전)는 Before Christ, 즉 '예수님 오시기 전'이라는 뜻이다. 기원 후를 뜻하는 A.D.는 라틴어 Anno Domini로서 'in the year of our Lord', 즉 예수님 탄생 이후를 의미한다.

인류의 시작
(태초–B.C. 2091)

아담과 하와
➜ 가인과 아벨
➜ 노아의 홍수
➜ 욥의 시대

민족의 시작
(B.C. 2091–1805)

아브라함을 부르심 (B.C. 2091) ➜ 이삭의 탄생 (B.C. 2066) ➜ 에서와 야곱의 탄생 (B.C. 2006) ➜ 요셉의 탄생 (B.C. 1915) ➜ 야곱 가족이 이집트로 이주 (B.C. 1876) ➜ 요셉의 죽음 (B.C. 1805)

출애굽과 가나안 정착 (B.C. 1805–1367)

이스라엘이 이집트의 노예가 됨 (B.C. 1730) ➜ 모세의 탄생 (B.C. 1526) ➜ 이집트 탈출(출애굽)과 불순종으로 광야생활 시작 (B.C. 1446) ➜ 여호수아가 지도자가 되어 가나안 입성[갈렙/라합] (B.C. 1406)

사사의 시대 (B.C. 1367–1050)

하나님의 말씀을 받은 사사가 재판관 노릇을 하며 백성들을 다스렸던 시대. 그러나 백성들의 삶에 강력한 리더십을 발휘하기는 어려웠던 체제로 인해 이 시기에 우상숭배가 끊이지 않았고, 결국 타락과 징계, 회개와 구원의 과정이 일곱 번이나 반복된다. 사사기의 특징을 잘 드러내는 삼손, 드보라, 룻, 사무엘 네 명의 인물을 통해 사사 시대의 특징과 쓰임받은 인물들의 면면을 살펴본다.

옷니엘 ➜ 에훗 / 삼갈 ➜ 드보라 ➜ 기드온 ➜ 돌라 / 야일 ➜ 입다 / 입산 / 엘론 / 압돈 ➜ 삼손 ➜ 사무엘

왕의 시대 (B.C. 1050–586)

왕정은 사사 시대의 문제를 보완한 선진적 체계로, 강력한 리더인 왕을 중심으로 온 나라가 일사분란하게 움직일 수 있었다. 사사 시대 말기 백성들은 사무엘에게 왕정을 요구했는데, 하나님이 주인 되시는 이스라엘에서 왕에게 의지하려는 마음 자체가 죄악에서 비롯된 것이어서 그 시작부터 문제를 안고 있었다. 이스라엘 왕들은 하나님의 통치를 대리하는 자이기에 하나님의 뜻을 잘 받들어 통치했는가에 따라 평가가 나뉜다.

사울의 등극 (B.C. 1050) ➔ 다윗의 등극 (B.C. 1010) ➔ 솔로몬의 등극 (B.C. 970) ➔ 왕국의 분열 (B.C. 931) ➔ 북이스라엘의 멸망 (B.C. 722) ➔ 남유다의 멸망 (B.C. 586)

포로의 시대 (B.C. 586   )

포로 시대는 우상숭배의 죄와 거짓으로 물든 지난날을 참회함과 동시에 메시아의 오심에 대한 소망을 품고 기다린 시기다. 이 시기에 이사야와 예레미야 선지자, 에스라와 느헤미야, 에스더는 각자의 영역에서 메시아가 오실 길을 닦았다. 한계를 드러낸 왕정의 멸망을 거쳐, 메시아에 대한 소망을 잃지 않고 이스라엘을 재건하고, 이스라엘의 정체성을 지킬 수 있도록 이끈 인물들의 활약상을 만나본다.

바벨론 포로 시대 (B.C. 586–539) ➔ 페르시아(바사) 포로 시대 (B.C. 539–331) ➔ 구약 종결 (B.C. 420년경) ➔ 중간기(헬라 제국–로마 제국 점령) (B.C. 331–) ➔ 예수님의 오심 (B.C. 4년경)

* 참고서적 : 「이스라엘의 역사」(레온우드 지음, 기독교문서선교회)

[삼손]

인류 역사상 가장 강한 힘을 가진 용사이자 사사. 수수께끼로 블레셋을 골탕 먹일 만큼 지혜가 있고 시도 잘 지은 만능재주꾼이었다. 그러나 이방 여인 들릴라의 유혹에 넘어가 머리를 깎이고 나실인의 규례를 저버려 힘을 잃고 비참한 최후를 맞는다.

[드보라]

강한 남자들만 지도자가 되던 시절에 이스라엘을 다스린 유일한 여성 사사. 당시 하나님을 떠나 가나안 왕 야빈에게 시달리던 이스라엘을 일으켜 세워 큰 승리로 이끄는 등 다른 사사들처럼 군사 지도자로서 눈부신 활약을 보이며 20년 동안 활동했다.

[룻]

이방 모압족 출신이나 하나님의 언약 백성이 되어 결국 다윗과 예수님의 조상이 된 여인. 까닭 모를 재난으로 집안의 남자들이 모두 죽자 시어머니를 따라 이스라엘로 와서 헌신한다. 그후 보아스라는 나오미의 친족과 다시 결혼해 증손자 다윗을 얻는다.

[사무엘]

이스라엘의 마지막 사사. 영적 어둠으로 인해 혼돈에 빠진 이스라엘에 길을 비춰준 횃불 같은 존재로서 대규모의 미스바 회개운동과 에벤에셀 전투의 승리를 이끌었다. 그가 살아 있는 동안 외세의 침략이 없었다. 하지만 그가 늙자 백성들은 그에게 왕정 체제를 요구한다.

[사울]

이스라엘 제1대 왕. 베냐민족 출신으로서 블레셋인들에게 시달리던 이스라엘이 독립을 위해 왕을 요구하자 사무엘에 의해 추대되었다. 그러나 차츰 하나님보다 사람들의 눈을 의식하며 광기에 빠져들다가 아들 요나단과 함께 길보아산에서 전사한다.

[다윗]

이스라엘 제2대 왕. 양치기 소년으로 블레셋 장군 골리앗을 쓰러뜨리고 민족의 영웅이 되지만 곧 사울왕에 쫓기게 된다. 왕위에 오른 후 제사 제도를 정하고 유대교를 확립하는 등 '하나님 마음에 합한 사람'으로 평가받는다. 많은 시편을 지은 시인이기도 하다.

[솔로몬]

이스라엘의 제3대 왕. 현명한 판단과 결단력을 지닌 '지혜의 왕'으로 유명하다. 재위 중에 성전을 짓고 국력을 크게 키웠지만, 후기에 과중한 세금과 폭압정치, 이방 여인들과의 결혼에 따른 우상숭배 허용 등 다음 대에 이스라엘 왕국이 남북으로 분열되는 요인을 제공한다.

[엘리야]

기원 전 9세기 아합, 아하시야왕 시대에 활약한 구약의 대표적 선지자. 악한 아합왕에게 담대히 하나님의 말씀을 전했고, 뒤를 이을 선지자로 엘리사를 세웠다. 갈멜산에서 우상 선지자 850명과 기도로 대결해 이긴 사건으로 유명하다. 훗날 죽음을 겪지 않고 승천했다.

[이사야]

히스기야 왕조에 활약한 선지자. 번영의 시기에 태어나 이스라엘 민족의 멸망을 내다보며 경고했다. 국제정치의 역학구조와 역사 발전의 방향을 꿰뚫는 영감의 소유자로서 완전무결하고 영원한 왕 예수님이 다스릴 메시아 왕국이 도래할 것을 예언했다.

[예레미야]

유다 왕국의 멸망을 직접 겪은 선지자. 우상의 죄로 더럽혀진 이스라엘 민족이 회개하지 않으면 하나님의 심판을 받아 멸망하고 바벨론에 포로로 잡혀갈 것을 눈물로 경고했다. 이스라엘을 정련해도 소용없는 '폐철'에 비유하며 소망은 오직 메시아 왕국에 있음을 전했다.

[에스라 & 느헤미야]

이스라엘 재건의 명콤비. 나라가 망하고 약 100년 후 이스라엘의 재건이 허락된다. 이때 학사 에스라는 말씀을 선포하고 회개를 촉구하며 이스라엘의 영적 회복을 주도한다. 행정관 느헤미야는 예루살렘 성벽을 세우며 이스라엘 공동체의 독립을 이끈다.

[에스더]

페르시아 아하수에로왕의 유다인 출신 왕후. 하나님 백성으로서 정체성을 지키고 사는 이들을 대표한다. 하만의 음모로 유다인들이 몰살당할 위기에 처했을 때, 삼촌 모르드개의 강권에 힘입어 '죽으면 죽으리라'는 용기로 왕 앞에 나아가 동포들을 구한다.

session 01

삼손 : 어메이징 슈퍼파워맨

삼손이 죽을 때에 죽인 자가 살았을 때에 죽인 자보다 더욱 많았더라(삿 16:30).

OPEN MIND 오픈마인드

슈퍼파워 혹은 초능력이 생긴다면 어떤 능력을 갖고 싶나요? 가장 하고 싶은 일은?

1. 삼손은 무엇으로 유명한 사람이었습니까?(삿 13:5, 15:15)

사사기 13:5 보라 네가 임신하여 아들을 낳으리니 그의 머리 위에 삭도를 대지 말라 이 아이는 태에서 나옴으로부터 하나님께 바쳐진 나실인이 됨이라 그가 블레셋 사람의 손에서 이스라엘을 구원하기 시작하리라 하시니.

사사기 15:15 삼손이 나귀의 새 턱뼈를 보고 손을 내밀어 집어들고 그것으로 천 명을 죽이고.

2. 삼손은 놀라운 능력을 가지고 있었지만 능력을 잃고 비참한 신세가 되고 맙니다. 그 이유는 무엇입니까?(삿 16:19-20)

사사기 16:19-20 [19] 들릴라가 삼손에게 자기 무릎을 베고 자게 하고 사람을 불러 그의 머리털 일곱 가닥을 밀고 괴롭게 하여 본즉 그의 힘이 없어졌더라 [20] 들릴라가 이르되 삼손이여 블레셋 사람이 당신에게 들이닥쳤느니라 하니 삼손이 잠을 깨어 이르기를 내가 전과 같이 나가서 몸을 떨치리라 하였으나 여호와께서 이미 자기를 떠나신 줄을 깨닫지 못하였더라.

3. 힘을 잃고 블레셋인들의 감옥에 갇힌 삼손은 하나님께 마지막으로 어떤 기도를 드립니까?(삿 16:28)

사사기 16:28 삼손이 여호와께 부르짖어 이르되 주 여호와여 구하옵나니 나를 생각하옵소서 하나님이여 구하옵나니 이번만 나를 강하게 하사 나의 두 눈을 뺀 블레셋 사람에게 원수를 단번에 갚게 하옵소서 하고,

핵심만 콕콕!

누구보다 달란트를 많이 가졌던 삼손은 하나님의 선택을 받은 이스라엘 전체를 상징합니다. 그러나 그는 받은 재능을 자기만을 위해 낭비하다가 유혹에 넘어가 치욕을 겪고 비참하게 인생을 마칩니다. 그의 삶은 하나님께 받은 재능을 어떻게 써야 할지 다시금 생각해보게 합니다.

OPEN LIFE 오픈라이프

나눔 하나님은 나에게 어떤 재능을 주셨을까요? 아무리 작게 느껴지더라도 나만이 가지고 있는 재능이 무엇인지 잘 생각해서 얘기해보세요.

실천 내가 가진 재능(달란트)을 어떻게 써야 하나님이 기뻐하실지 생각하고 실천에 옮겨보세요.

예 : 1) 악기 연주 재능 – 고아원이나 양로원 위문 공연하기

2) 글 또는 그림 재능 – 우리 교회 중고등부의 주보 만들기

3) 정리 재능 – 집안 청소하기, 가족 사진 앨범 정리하기

4) 공부 재능 – 선하게 쓰임받겠다는 목적을 가지고 공부하기

5) 학교가 가까워서 비교적 여유 있는 아침 시간 – 아침 큐티하기

하나님, 저를 하나님의 소중한 자녀로 삼아주셔서 감사합니다. 하나님이 주신 재능과 자원을 하나님의 영광을 위해 사용할 수 있도록 도와주세요.

session 02

드보라 : 나는 주님 스타일

그때에 랍비돗의 아내 여선지자 드보라가 이스라엘의 사사가 되었는데…
이스라엘 자손은 그에게 나아가 재판을 받더라(삿 4:4-5).

OPEN MIND 오픈마인드

평소 주목받지 못했던 친구가 나서서 의외로 친구들 사이에서 리더십을 발휘하며 능력을 보여줬던 경우가 있었다면 얘기해보세요.

OPEN BIBLE 오픈바이블

1. 드보라의 신분은 무엇이었습니까?(삿 4:4-5)

사사기 4:4-5 [4] 그때에 랍비돗의 아내 여선지자 드보라가 이스라엘의 사사가 되었는데 [5] 그는 에브라임 산지 라마와 벧엘 사이 드보라의 종려나무 아래에 거주하였고 이스라엘 자손은 그에게 나아가 재판을 받더라.

2. 가나안 왕 야빈의 손에서 이스라엘을 구해내는 것은 원래 군대 장관 바락이 할 일이었지만, 하나님은 드보라를 통해 이스라엘을 구원하십니다. 두 사람의 태도는 어떻게 달랐습니까?(삿 4:6-9)

사사기 4:6-9 [6] 드보라가 사람을 보내어 아비노암의 아들 바락을 납달리 게데스에서 불러다가 그에게 이르되 이스라엘의 하나님 여호와께서 이같이 명령하지 아니하셨느냐 너는 납달리 자손과 스불론 자손 만 명을 거느리고 다볼 산으로 가라 [7] 내가 야빈의 군대 장관 시스라와 그의 병거들과 그의 무리를 기손강으로 이끌어 네게 이르게 하고 그를 네 손에 넘겨주리라 하셨느니라 [8] 바락이 그에게 이르되 만일 당신이 나와 함께 가면 내가 가려니와 만일 당신이 나와 함께 가지 아니하면 나도 가지 아니하겠노라 하니 [9] 이르되 내가 반드시 너와 함께 가리라….

3. 이날 전투에서 하나님께 쓰임받은 야엘이라는 또 다른 여인이 있습니다. 물리적 힘이 중요한 전장에서 하나님이 유독 여인들을 들어 쓰신 것에서 어떤 교훈을 얻을 수 있습니까?(삿 4:9, 17, 21, 23)

사사기 4:9 … 이르되 내가 반드시 너와 함께 가리라 그러나 네가 이번에 가는 길에서는 영광을 얻지 못하리니 이는 여호와께서 시스라를 여인의 손에 파실 것임이니라 하고 드보라가 일어나 바락과 함께 게데스로 가니라.

사사기 4:17, 21, 23 [17] 시스라가 걸어서 도망하여 겐 사람 헤벨의 아내 야엘의 장막에 이르렀으니… [21] 그가 깊이 잠드니 헤벨의 아내 야엘이 장막 말뚝을 가지고 손에 방망이를 들고 그에게로 가만히 가서 말뚝을 그의 관자놀이에 박으매 말뚝이 꿰뚫고 땅에 박히니 그가 기절하여 죽으니라… [23] 이와 같이 이날에 하나님이 가나안 왕 야빈을 이스라엘 자손 앞에 굴복하게 하신지라.

핵심만 콕콕!

어두운 사사 시대에 샛별처럼 빛나는 여인 드보라는 하나님이 순종하는 자를 얼마나 위대하게 쓰시는지 잘 보여줍니다. 하나님의 말씀을 신뢰하지 못했던 바락 장군은 드보라보다 훨씬 힘이 셌지만 쓰임받지 못했습니다. 하나님은 능력보다 믿음을 더 중요하게 보십니다.

OPEN LIFE 오픈라이프

나눔 다음 중 가장 믿음직해 보이는 것들을 고르고, 그 이유를 얘기해 보세요.

〈보기〉

★ 큰돈이 들어있는 예금 통장 ★ 싸움을 잘하는 일진 친구

★ 뛰어난 성적 ★ 친하게 지내는 경찰 아저씨

★ 상담을 잘 해주시는 선생님 ★ 언제나 내 편인 부모님

실천 내가 가장 믿고 의지할 수 있는 분인 하나님을 보다 가까이 만나기 위해 한 주 동안 '큐티', '성경 읽기', '자기 전 기도'를 실천하고 아래에 표시해보세요.

	큐티	성경 읽기	자기 전 기도
주일			
월			
화			
수			
목			
금			
토			

아무리 연약하고 보잘것없는 사람일지라도 하나님을 신뢰할 때 크게 쓰임받는 모습을 보았습니다. 드보라처럼 하나님을 온전히 믿으며 살아가게 해주세요.

session 03

룻 : 미모보다 아름다운 헌신

어머니의 백성이 나의 백성이 되고 어머니의
하나님이 나의 하나님이 되시리니(룻 1:16).

OPEN MIND 오픈마인드

고생길이 뻔할 것을 알면서도 자원해서 헌신했던 적이 있나요?

OPEN BIBLE 오픈바이블

1. 타향살이를 하던 나오미의 가족은 집안의 남자들이 모두 죽는 바람에 아주 어려운 상황에 처합니다. 이때 며느리 룻은 보통 사람이 하기 힘든 결단을 하는데 무엇입니까?(룻 1:16)

룻기 1:16 룻이 이르되 내게 어머니를 떠나며 어머니를 따르지 말고 돌아가라 강권하지 마옵소서 어머니께서 가시는 곳에 나도 가고 어머니께서 머무시는 곳에서 나도 머물겠나이다.

2. 룻의 결단과 헌신이 더욱 귀하고 의미 있었던 이유는 무엇입니까? 다음 중 맞는 항목에 모두 표시하십시오(룻 1:4, 16, 신 23:3).

룻기 1:4 그들은 모압 여자 중에서 그들의 아내를 맞이하였는데 하나의 이름은 오르바요 하나의 이름은 룻이더라.

신명기 23:3 암몬 사람과 모압 사람은 여호와의 총회에 들어오지 못하리니 그들에게 속한 자는 십 대뿐 아니라 영원히 여호와의 총회에 들어오지 못하리라.

룻기 1:16 어머니의 백성이 나의 백성이 되고 어머니의 하나님이 나의 하나님이 되시리니.

- □ 남편도 없이 나이든 시어머니를 봉양하겠다고 자원했기 때문에
- □ 고향인 모압을 떠나 타향인 이스라엘로 갔기 때문에
- □ 이방인으로서 당할 수 있는 차별을 감수했기 때문에
- □ 시어머니를 따라 이스라엘의 하나님을 섬기기로 했기 때문에

3. 하나님은 헌신한 룻을 어떻게 축복하고 보상해주십니까?(룻 4:13, 21-22)

룻기 4:13 이에 보아스가 룻을 맞이하여 아내로 삼고 그에게 들어갔더니 여호와께서 그에게 임신하게 하시므로 그가 아들을 낳은지라.

룻기 4:21-22 [21] 살몬은 보아스를 낳고 보아스는 오벳을 낳았고 [22] 오벳은 이새를 낳고 이새는 다윗을 낳았더라.

핵심만 콕콕!

룻은 살 소망이 없는 인간을, 보아스는 구속자인 예수 그리스도의 모형을 상징합니다. 룻이 시어머니를 따라가는 것은 소망 없는 일이었지만 헌신과 결단을 통해 보아스를 만나는 은혜를 입습니다. 소망 없는 인간도 예수님을 만나면 하나님의 백성이 되는 축복을 받습니다.

OPEN LIFE 오픈라이프

나눔 지금까지 마땅히 해야 할 헌신을 기피했던 적이 있었나요? 있다면 왜 그랬나요?

예 : 두려워서, 귀찮게 느껴져서, 어차피 안 될 것 같아서, 고생하는 게 싫어서, 손해보는 게 싫어서, 잘난 척 하는 것 같아서…

실천 헌신하기 가장 힘든 시간이나 일이 있다면 무엇일까요? 아래에 적어보고 이번 한 주 동안 도전해보세요.

예 : 시험 기간에 새벽 기도하기, 가장 피곤한 날에 집안 청소하기, 주일 예배 시간에 늦지 않기…

하나님, 편한 것만 찾고 받는 것에만 익숙한 모습에서 벗어나 가족과 이웃, 주님께 헌신할 수 있는 마음을 주세요. 룻처럼 주님의 은혜를 받는 사람이 되게 해주세요.

session 04

사무엘 : 어둠을 밝힌 마지막 불꽃

여호와께서 그와 함께 계셔서 그의 말이 하나도 땅에 떨어지지 않게 하시니…
온 이스라엘이 사무엘은 여호와의 선지자로 세우심을 입은 줄을 알았더라(삼상 3:19-20).

OPEN MIND 오픈마인드

체육대회나 반 대항 시합이 있을 때 우리 반에는 믿을 만한 에이스가 있나요?

1. 영웅 사무엘이 태어나던 시대는 어떤 분위기였습니까?(삼상 3:1)

사무엘상 3:1 아이 사무엘이 엘리 앞에서 여호와를 섬길 때에는 여호와의 말씀이 희귀하여 이상이 흔히 보이지 않았더라.

2. 어두운 시대 속에서도 사무엘은 특별히 구별되며 자랐습니다. 그는 어떻게 달랐습니까?(삼상 2:12, 3:3-4, 19)

사무엘상 2:12 엘리의 아들들은 행실이 나빠 여호와를 알지 못하더라.

사무엘상 3:3-4, 19 [3] 사무엘은 하나님의 궤 있는 여호와의 전 안에 누웠더니 [4] 여호와께서 사무엘을 부르시는지라 그가 대답하되 내가 여기 있나이다 하고… [19] 사무엘이 자라매 여호와께서 그와 함께 계셔서 그의 말이 하나도 땅에 떨어지지 않게 하시니.

3. 쇠약해진 이스라엘을 위해 사무엘이 한 일은 무엇이었습니까? 괄호 안에 알맞은 말을 넣으십시오(삼상 7:5-6, 13-14).

사무엘상 7:5-6 [5] 사무엘이 이르되 온 이스라엘은 미스바로 모이라 내가 너희를 위하여 여호와께 기도하리라 하매 [6] 그들이 미스바에 모여 물을 길어 여호와 앞에 붓고 그날 종일 금식하고 거기에서 이르되 우리가 여호와께 범죄하였나이다 하니라.

사무엘상 7:13-14 [13] 이에 블레셋 사람들이 굴복하여 다시는 이스라엘 지역 안에 들어오지 못하였으며 여호와의 손이 사무엘이 사는 날 동안에 블레셋 사람을 막으시매 [14] 블레셋 사람들이 이스라엘에게서 빼앗았던 성읍이 에그론에서 가드까지 이스라엘에게 회복되니 이스라엘이 그 사방 지역을 블레셋 사람들의 손에서 도로 찾았고 또 이스라엘과 아모리 사람 사이에 평화가 있었더라.

이스라엘의 대대적인 (   )를 이끌어내고, (   )과의 전투를 승리로 이끌고, 이스라엘에 (   )를 가져옴.

핵심만 콕콕!

사무엘은 민족이 영적 어둠에 빠져 있을 때 등장해 그들을 회개로 이끌었습니다. 아무리 어두운 시대라 할지라도 하나님 앞에 준비되고 구별된 한 사람이 있으면 시대를 거룩하게 바꿀 수 있습니다. 우리도 어두운 시대를 밝히는 작은 불꽃이 되겠다는 소망을 가져야 하겠습니다.

OPEN LIFE 오픈라이프

나눔 좋지 않은 주변 환경을 탓한 적이 있었는지 잠시 생각해보고 얘기를 나누어보세요.

실천 내가 현재 처한 좋지 않은 상황 속에서도 희망을 품을 수 있는 긍정적 요인 세 가지를 적고 감사의 기도를 드려보세요.

1

2

3

하나님 아버지, 깊은 절망이 우리에게 도로 희망을 보여주는 계기가 됨을 잊지 않게 해주세요. 어둠을 밝혔던 사무엘처럼 하나님의 자녀로서 세상의 빛이 되어 살 수 있도록 도와주세요.

session 05

사울 : 늘 처음 같을 순 없을까?

왕이 여호와의 말씀을 버렸으므로 여호와께서도
왕을 버려 왕이 되지 못하게 하셨나이다(삼상 15:23).

OPEN MIND 오픈마인드

벼락부자나 졸부는 대체로 평이 좋지 못합니다. 왜 그럴까요?

1. 이전에 왕이 없던 이스라엘에서 사울은 어떻게 최초의 왕이 되었습니까?(삼상 8:4-5, 7, 9:17, 11:15)

사무엘상 8:4-5, 7 [4] 이스라엘 모든 장로가 모여 라마에 있는 사무엘에게 나아가서 [5] 그에게 이르되 보소서 당신은 늙고 당신의 아들들은 당신의 행위를 따르지 아니하니 모든 나라와 같이 우리에게 왕을 세워 우리를 다스리게 하소서 한지라… [7] 여호와께서 사무엘에게 이르시되 백성이 네게 한 말을 다 들으라 이는 그들이 너를 버림이 아니요 나를 버려 자기들의 왕이 되지 못하게 함이니라.

사무엘상 9:17 사무엘이 사울을 볼 때에 여호와께서 그에게 이르시되 보라 이는 내가 네게 말한 사람이니 이가 내 백성을 다스리리라 하시니라.

사무엘상 11:15 모든 백성이 길갈로 가서 거기서 여호와 앞에서 사울을 왕으로 삼고.

2. 당당히 왕이 된 사울은 기대와 달리 범죄의 길로 들어서게 됩니다. 어떤 죄였습니까?(삼상 15:17, 19)

사무엘상 15:17, 19 [17] 사무엘이 이르되 왕이 스스로 작게 여길 그때에 이스라엘 지파의 머리가 되지 아니하셨나이까… [19] 어찌하여 왕이 여호와의 목소리를 청종하지 아니하고 탈취하기에만 급하여 여호와께서 악하게 여기시는 일을 행하였나이까.

3. 겸손하게 시작했던 사울왕이지만 말로는 비참했습니다. 무엇이 그를 변하게 만들었습니까?(삼상 15:24, 30)

사무엘상 15:24 사울이 사무엘에게 이르되 내가 범죄하였나이다 내가 여호와의 명령과 당신의 말씀을 어긴 것은 내가 백성을 두려워하여 그들의 말을 청종하였음이니이다.

사무엘상 15:30 사울이 이르되 내가 범죄하였을지라도 이제 청하옵나니 내 백성의 장로들 앞과 이스라엘 앞에서 나를 높이사 나와 함께 돌아가서 내가 당신의 하나님 여호와께 경배하게 하소서 하더라.

핵심만 콕콕!

이스라엘의 왕은 하나님을 대신해 나라를 다스리는 사람으로서 하나님의 말씀을 듣고 이에 순종할 의무가 있었습니다. 사울은 처음 왕이 되었을 때는 겸손한 마음으로 하나님 앞에 섰지만 차츰 초심을 잃고 사람들의 인정을 받는 데만 집중하다가 파멸의 길로 가고 맙니다.

OPEN LIFE 오픈라이프

나눔 나도 혹시 사울처럼 하나님에 대한 마음이 식었거나 하나님과 약속했던 것을 잊어버린 적은 없나요?

실천 처음 마음을 회복하고, 하나님과 교제하는 자리로 나아가기 위해 내가 할 수 있는 것들이 무엇인지 생각하고 나누어보세요.

예 : 1) 은혜받았던 기억을 되살려 글로 써놓고 힘들 때마다 꺼내서 읽기

2) 큐티를 통해 하나님의 말씀을 늘 가까이하며 기도하기

3) 믿음의 친구들과 은혜받았던 이야기 나누기

겸손한 자에게 더 큰 은혜를 주시는 하나님. 환경에 따라 마음이 변한 사울을 따르지 않고, 언제나 한결같이 주님을 따르길 원합니다.

session **06**

다윗 : 언제나 하나님 안에서

다윗을 왕으로 세우시고 증언하여 이르시되 내가 이새의 아들 다윗을 만나니
내 마음에 맞는 사람이라 내 뜻을 다 이루리라 하시더니(행 13:22).

OPEN MIND 오픈마인드

다윗에 대해 아는 것이 있다면 하나씩 얘기해보세요.

OPEN BIBLE 오픈바이블

1. 다윗은 '하나님의 마음에 맞는 사람' 으로 불렸습니다. 하나님은 다윗의 어떤 점을 마음에 들어하셨습니까?(삼상 17:23-24, 26)

사무엘상 17:23-24, 26 [23] 그들과 함께 말할 때에 마침 블레셋 사람의 싸움 돋우는 가드 사람 골리앗이라 하는 자가 그 전열에서 나와서 전과 같은 말을 하매 다윗이 들으니라 [24] 이스라엘 모든 사람이 그 사람을 보고 심히 두려워하여 그 앞에서 도망하며 … [26] 다윗이 곁에 서 있는 사람들에게 말하여 이르되 이 블레셋 사람을 죽여 이스라엘의 치욕을 제거하는 사람에게는 어떠한 대우를 하겠느냐 이 할례 받지 않은 블레셋 사람이 누구이기에 살아 계시는 하나님의 군대를 모욕하겠느냐.

2. 다윗은 골리앗을 쓰러뜨리고 민족의 영웅으로 떠오르는 듯 하지만 곧 도망자 신세가 되는 등 많은 시련을 겪습니다. 왜 하나님은 사랑하는 다윗에게 시련을 허락하셨습니까?(시 119:67, 71)

시편 119:67 고난당하기 전에는 내가 그릇 행하였더니 이제는 주의 말씀을 지키나이다.

시편 119:71 고난당한 것이 내게 유익이라 이로 말미암아 내가 주의 율례들을 배우게 되었나이다.

3. 고난 중에도 다윗이 끝까지 하나님의 사람으로 남을 수 있었던 비결은 무엇입니까?(시 23:1, 렘 23:5)

시편 23:1 여호와는 나의 목자시니 내게 부족함이 없으리로다.

예레미야 23:5 여호와의 말씀이니라 보라 때가 이르리니 내가 다윗에게 한 의로운 가지를 일으킬 것이라 그가 왕이 되어 지혜롭게 다스리며 세상에서 정의와 공의를 행할 것이며.

핵심만 콕콕!

다윗은 하나님의 마음에 맞는 사람이라는 평가를 받습니다. 다윗은 언제 어떤 상황에서도 하나님을 끝까지 신뢰하고 사랑했던 이상적인 왕입니다. 그는 목자 되신 하나님의 음성에 늘 귀 기울이며 하나님의 뜻대로 나라를 다스리고자 했습니다.

OPEN LIFE 오픈라이프

나눔 나는 하나님의 마음에 얼마나 잘 맞는 사람일까요? 혹 그렇지 않은 것 같다면 그 이유는 무엇인가요?

실천 다윗의 특기는 기쁘나 슬프나, 즐거우나 괴로우나 하나님을 향해 노래를 짓고 부르는 것이었습니다. 우리도 다윗처럼 우리의 일상을 소재로 하여 하나님을 찬양하는 가사를 짓고 함께 읽어봅시다.

사랑의 주님, 모든 일을 하나님의 눈으로 바라보고 하나님의 마음에 맞게 살았던 다윗처럼 평생 하나님 안에서 하나님을 사랑하며 살 수 있는 은혜를 내려주세요.

session **07**

솔로몬 : 지혜를 구했던 왕

내가 네 말대로 하여 네게 지혜롭고 총명한 마음을 주노니 네 앞에도 너와 같은 자가 없었거니와 네 뒤에도 너와 같은 자가 일어남이 없으리라(왕상 3:12).

OPEN MIND 오픈마인드

하나님이 내게 무엇을 원하는지 물어보시면 뭐라고 대답하고 싶나요?

① 돈 ② 건강 ③ 성적 ④ 이성친구 ⑤ 행복 ⑥ 기타 ____________

OPEN BIBLE 오픈바이블

1. 솔로몬왕에 대해 아는 대로 괄호를 채워보십시오(왕상 2:12, 4:29).

열왕기상 2:12 솔로몬이 그의 아버지 다윗의 왕위에 앉으니 그의 나라가 심히 견고하니라.

열왕기상 4:29 하나님이 솔로몬에게 지혜와 총명을 심히 많이 주시고 또 넓은 마음을 주시되 바닷가의 모래 같이 하시니.

( )의 아들, 이스라엘의 ( )번째 왕

( )가 뛰어난 왕, ( )을 지음

2. 통치 초기에 솔로몬은 하나님께 사랑받는 왕으로 출발합니다. 그 비결은 어디에 있었습니까?(왕상 3:7-10)

열왕기상 3:7-10 7 나의 하나님 여호와여 주께서 종으로 종의 아버지 다윗을 대신하여 왕이 되
게 하셨사오나 종은 작은 아이라 출입할 줄을 알지 못하고 8 주께서 택하신 백성 가운데 있나이
다 그들은 큰 백성이라 수효가 많아서 셀 수도 없고 기록할 수도 없사오니 9 누가 주의 이 많은
백성을 재판할 수 있사오리이까 듣는 마음을 종에게 주사 주의 백성을 재판하여 선악을 분별하
게 하옵소서 10 솔로몬이 이것을 구하매 그 말씀이 주의 마음에 든지라.

3. 그러나 훌륭하던 솔로몬도 통치 후기에는 타락하게 되는데, 그 이유는 무엇입니까?(왕상 11:4)

열왕기상 11:4 솔로몬의 나이가 많을 때에 그의 여인들이 그의 마음을 돌려 다른 신들을 따르게 하였으므로 왕의 마음이 그의 아버지 다윗의 마음과 같지 아니하여 그의 하나님 여호와 앞에 온전하지 못하였으니.

핵심만 콕콕!

솔로몬은 하나님 앞에서 지혜를 구한 왕입니다. 그는 자신에게 주어진 사명에 충실했습니다. 백성을 잘 다스리기 위해서 하나님께 지혜를 구했고, 하나님은 이를 기뻐하며 칭찬하십니다. 이에 솔로몬은 지혜와 더불어 모든 좋은 것들을 받았습니다.

OPEN LIFE 오픈라이프

나눔 솔로몬이 지혜를 구한 이유는 백성을 잘 다스리기 위함이었습니다. 오늘 내가 지혜를 구한다면 그 이유는 무엇인가요?

실천 잠언은 솔로몬과 여러 현인들의 지혜서로 유명합니다. 하루에 한 장씩 읽고 묵상해보세요(읽은 장에 표시하기).

Proverbs

1	2	3	4	5	6	7
8	9	10	11	12	13	14
15	16	17	18	19	20	21
22	23	24	25	26	27	28
29	30	31	★	★	★	★

하나님, 제 자신보다 다른 사람을 위해 먼저 기도하고, 제 영광이 아니라 하나님의 영광이 드러나기를 힘쓰는 지혜로운 주님의 자녀가 되기 원합니다.

엘리야 : 타락한 왕들의 브레이크

엘리야는 우리와 성정이 같은 사람이로되 그가 비가 오지 않기를
간절히 기도한즉 삼 년 육 개월 동안 땅에 비가 오지 아니하고(약 5:17).

OPEN MIND 오픈마인드

엘리야가 이방 선지자 850명 앞에서 당당할 수 있었던 이유는?

① 싸움을 잘해서 ② 원래 왕따여서 ③ 무대체질이어서 ④ 제 정신이 아니어서

1. 우상숭배를 일삼던 아합왕 때문에 이스라엘에 3년이 넘도록 비가 오지 않자 엘리야 선지자는 왕 앞에 나타나 왕을 꾸짖으며 어떤 제안을 합니까?(왕상 18:17-19, 23-24)

열왕기상 18:17-19 [17] 엘리야를 볼 때에 아합이 그에게 이르되 이스라엘을 괴롭게 하는 자여 너냐 [18] 그가 대답하되 내가 이스라엘을 괴롭게 한 것이 아니라 당신과 당신의 아버지의 집이 괴롭게 하였으니 이는 여호와의 명령을 버렸고 당신이 바알들을 따랐음이라 [19] 그런즉 사람을 보내 온 이스라엘과 이세벨의 상에서 먹는 바알의 선지자 사백오십 명과 아세라의 선지자 사백 명을 갈멜 산으로 모아 내게로 나아오게 하소서.

열왕기상 18:23-24 [23] 그런즉 송아지 둘을 우리에게 가져오게 하고 그들은 송아지 한 마리를 택하여 각을 떠서 나무 위에 놓고 불은 붙이지 말며 나도 송아지 한 마리를 잡아 나무 위에 놓고 불은 붙이지 않고 [24] 너희는 너희 신의 이름을 부르라 나는 여호와의 이름을 부르리니 이에 불로 응답하는 신 그가 하나님이니라.

2. 갈멜산 대결에서 엘리야가 큰 승리를 얻을 수 있었던 비결은 무엇입니까?(왕상 18:32, 36-38)

열왕기상 18:32, 36-38 [32] 그가 여호와의 이름을 의지하여 그 돌로 제단을 쌓고… [36] 저녁 소제 드릴 때에 이르러 선지자 엘리야가 나아가서 말하되 아브라함과 이삭과 이스라엘의 하나님 여호와여 주께서 이스라엘 중에서 하나님이신 것과 내가 주의 종인 것과 내가 주의 말씀대로 이 모든 일을 행하는 것을 오늘 알게 하옵소서 [37] 여호와여 내게 응답하옵소서 내게 응답하옵소서 이 백성에게 주 여호와는 하나님이신 것과 주는 그들의 마음을 되돌이키심을 알게 하옵소서 하매 [38] 이에 여호와의 불이 내려서 번제물과 나무와 돌과 흙을 태우고 또 도랑의 물을 핥은지라.

3. 엘리야는 노년에 이스라엘을 위해 어떤 봉사를 합니까?(왕상 19:16, 왕하 2:11)

열왕기상 19:16 너는 또 님시의 아들 예후에게 기름을 부어 이스라엘의 왕이 되게 하고 또 아벨므홀라 사밧의 아들 엘리사에게 기름을 부어 너를 대신하여 선지자가 되게 하라.

열왕기하 2:11 두 사람이 길을 가며 말하더니 불수레와 불말들이 두 사람을 갈라놓고 엘리야가 회오리바람으로 하늘로 올라가더라.

핵심만 콕콕!

선지자의 대표격인 엘리야는 타락한 이스라엘 앞에서 시종일관 하나님의 말씀을 전하기 위해 애썼습니다. 그는 우상 선지자들과 850대 1로 싸워 이김으로 하나님의 살아 계심을 나타냈고, 후배 선지자들을 길러내며 하나님의 말씀이 끊이지 않도록 노력했습니다.

OPEN LIFE 오픈라이프

나눔 내 삶에 도무지 절제가 되지 않아 답답한 부분이 있나요? 있다면 언제, 무엇 때문인지 얘기해보세요.

실천 광야에서 하나님의 소리를 들었던 선지자들처럼 오늘 우리도 하루 중 조용한 시간에 말씀을 들으러 하나님 앞에 나가야 합니다. 아래 말씀을 매일 한 구절씩 외우며 내 삶의 안전 브레이크로 삼아보세요.

월 : 부지런한 자의 손은 사람을 다스리게 되어도 게으른 자는 부림을 받느니라(잠 12:24).

화 : 항상 기뻐하라 쉬지 말고 기도하라 범사에 감사하라 이것이 그리스도 예수 안에서 너희를 향하신 하나님의 뜻이니라(살전 5:16-18).

수 : 새 계명을 너희에게 주노니 서로 사랑하라 내가 너희를 사랑한 것 같이 너희도 서로 사랑하라(요 13:34).

목 : 그런즉 거짓을 버리고 각각 그 이웃과 더불어 참된 것을 말하라 이는 우리가 서로 지체가 됨이라(엡 4:25).

금 : 청년이 무엇으로 그의 행실을 깨끗하게 하리이까 주의 말씀만 지킬 따름이니이다(시 119:9).

토 : 노하기를 더디하는 자는 용사보다 낫고 자기의 마음을 다스리는 자는 성을 빼앗는 자보다 나으니라(잠 16:32).

매일 하나님과 조용히 교제하는 시간을 갖겠습니다. 세상의 소리보다 하나님의 소리에 집중할 수 있게 도와주세요.

session 09

이사야 : 예수님을 향한 표지판

보라 주 여호와께서 장차 강한 자로 임하실 것이요
친히 그의 팔로 다스리실 것이라(사 40:10).

OPEN MIND 오픈마인드

비행기를 만든 라이트 형제, 북극을 처음 정복한 아문센 같이 한 분야에서 최초로 성공한 사람을 아는 대로 말해보세요.

1. 이사야는 메시아 예수님이 오실 것을 예언한 것으로 유명합니다. 어떤 예언들이 있습니까?(사 7:14, 53:1, 66:22)

이사야 7:14 그러므로 주께서 친히 징조를 너희에게 주실 것이라 보라 처녀가 잉태하여 아들을 낳을 것이요 그의 이름을 임마누엘이라 하리라.

이사야 53:1 그가 찔림은 우리의 허물 때문이요 그가 상함은 우리의 죄악 때문이라 그가 징계를 받으므로 우리는 평화를 누리고 그가 채찍에 맞으므로 우리는 나음을 받았도다.

이사야 66:22 내가 지을 새 하늘과 새 땅이 내 앞에 항상 있는 것 같이 너희 자손과 너희 이름이 항상 있으리라 여호와의 말이니라.

2. 이처럼 비중 있게 쓰임받은 이사야가 처음 하나님께 부르심을 받던 날을 자세히 살펴볼 필요가 있습니다. 그는 어떤 자세로 부르신에 응답했습니까?(사 6:5, 8)

이사야 6:5, 8 [5] 그때에 내가 말하되 화로다 나여 망하게 되었도다 나는 입술이 부정한 사람이요 나는 입술이 부정한 백성 중에 거주하면서 만군의 여호와이신 왕을 뵈었음이로다 하였더라… [8] 내가 또 주의 목소리를 들으니 주께서 이르시되 내가 누구를 보내며 누가 우리를 위하여 갈꼬 하시니 그 때에 내가 이르되 내가 여기 있나이다 나를 보내소서 하였더니.

3. 그 외에도 이사야는 이스라엘을 위해 많은 봉사를 합니다. 어떤 일을 했는지 아래 구절을 보고 두 가지만 말해보십시오(왕하 19:6-7, 20:1, 6)

열왕기하 19:6-7 [6] 이사야가 그들에게 이르되 너희는 너희 주에게 이렇게 말하라 여호와의 말씀이 너는 앗수르 왕의 신복에게 들은 바 나를 모욕하는 말 때문에 두려워하지 말라 [7] 내가 한 영을 그의 속에 두어 그로 소문을 듣고 그의 본국으로 돌아가게 하고 또 그의 본국에서 그에게 칼에 죽게 하리라 하셨느니라 하더라.

열왕기하 20:1, 6 [1] 그때에 히스기야가 병들어 죽게 되매 아모스의 아들 선지자 이사야가 그에게 나아와서 … [6] 이사야가 이르되 무화과 반죽을 가져오라 하매 무리가 가져다가 그 상처에 놓으니 나으니라.

핵심만 콕콕!

이사야는 예수님의 오심을 구체적으로 예언하며 메시아 대망사상을 전한 최초의 선지자로서 나라가 위험할 때 위기를 극복케 하고 백성들의 마음을 위로했습니다. "내가 여기 있나이다, 나를 보내소서"라며 부르심에 응한 그를 본받아 우리도 하나님 앞에 순종해야 하겠습니다.

OPEN LIFE 오픈라이프

나눔 이사야는 그 존재만으로 예수님을 떠오르게 합니다. 오늘 주변 사람들이 나를 생각할 때 무엇이 가장 먼저 떠오를까요?

예 : 축구, 개그맨, 공부, 의리 있음, 눈치 없음, 신앙, 게임의 신…

실천 김구 선생님은 "눈덮인 길을 걸을 때 나의 발자국이 뒷 사람의 길이 된다"고 했습니다. 이사야는 예수님을 가리킴으로 후대의 수많은 선지자들의 모범이 되었습니다. 나는 후배들에게 어떤 모습으로 기억되면 좋을지 생각하고 얘기를 나누어보세요.

예 : 기도가 진실한 선배, 늘 먼저 섬겨주는 선배…

믿음의 선배들을 본받아 그 길을 걸어가길 원합니다. 오직 예수님만 바라보며 따라가게 해주세요.

session **10**

예레미야 : 사명, 울면서도 하는 것

내가 다시는 여호와를 선포하지 아니하며 그의 이름으로 말하지 아니하리라 하면 나의 마음이 불붙는 것 같아서 골수에 사무치니 답답하여 견딜 수 없나이다(렘 20:9).

OPEN MIND 오픈마인드

나는 열심히 말하는데 다른 사람들이 전혀 들어주지 않은 적이 있었나요? 그때 기분이 어땠나요?

1. 타락할 대로 타락한 시대에서 예레미야가 받은 사명은 무엇이었습니까?(렘 1:7, 5:1)

예레미야 1:7 여호와께서 내게 이르시되 너는 아이라 말하지 말고 내가 너를 누구에게 보내든지 너는 가며 내가 네게 무엇을 명령하든지 너는 말할지니라.

예레미야 5:1 너희는 예루살렘 거리로 빨리 다니며 그 넓은 거리에서 찾아보고 알라 너희가 만일 정의를 행하며 진리를 구하는 자를 한 사람이라도 찾으면 내가 이 성읍을 용서하리라.

2. 예레미야는 하나님과 이스라엘 백성들 사이에서 고뇌하며 지극히 인간적인 모습을 보입니다. 그에게 어떤 고충이 있었습니까?(렘 20:8-9)

예레미야 20:8-9 [8] 내가 말할 때마다 외치며 파멸과 멸망을 선포하므로 여호와의 말씀으로 말미암아 내가 종일토록 치욕과 모욕거리가 됨이니이다 [9] 내가 다시는 여호와를 선포하지 아니하며 그의 이름으로 말하지 아니하리라 하면 나의 마음이 불붙는 것 같아서 골수에 사무치니 답답하여 견딜 수 없나이다.

3. 하나님은 고통스런 사명을 감당하는 예레미야에게 어떤 소망의 메시지를 주십니까?(렘 31:31, 34)

예레미야 31:31, 34 [31] 여호와의 말씀이니라 보라 날이 이르리니 내가 이스라엘 집과 유다 집에 새 언약을 맺으리라… [34] 그들이 다시는 각기 이웃과 형제를 가르쳐 이르기를 너는 여호와를 알라 하지 아니하리니 이는 작은 자로부터 큰 자까지 다 나를 알기 때문이라 내가 그들의 악행을 사하고 다시는 그 죄를 기억하지 아니하리라 여호와의 말씀이니라.

핵심만 콕콕!

하나님을 믿는 사람에게 기쁘고 즐거운 사명만 있는 것은 아닙니다. 때로는 예레미야처럼 눈물을 흘리며 괴로운 일을 겪어야 할 때도 있습니다. 하나님의 메시지가 준엄한 심판처럼 보이더라도 그 안에는 늘 회복의 사랑이 들어 있습니다.

OPEN LIFE 오픈라이프

나눔 역경이나 환난이 올 때 쉽게 좌절하는 편인가요, 아니면 포기하지 않고 끝까지 가는 편인가요? 뭔가를 끝까지 완수한 경험이 있다면 나누어보세요.

실천 사명이란 '싫어도 해야 하는 일'이라고 규정할 수도 있습니다. 예레미야를 본받아, 내가 하나님과 교회를 위해 '싫어도 해야 하는 일'이 있다면 무엇인가요?

하나님의 뜻대로 살도록 인도해주세요. 어려움을 겪거나 힘든 상황에 처해도 낙심하지 않고 끝까지 사명을 이룰 수 있게 도와주세요.

session 11

에스라 & 느헤미야 : 재건의 드림팀

백성이 율법의 말씀을 듣고 다 우는지라… 오늘은 너희 하나님 여호와의 성일이니 슬퍼하지 말며 울지 말라 하고(느 8:9).

OPEN MIND 오픈마인드

2인조로 멋지게 활약한 역사상 인물이나 영화 주인공 중에서 기억나는 사람이 있나요?(예 : 오성과 한음, 영화 〈맨 인 블랙〉의 두 요원)

1. 에스라와 느헤미야는 성경에서 보기 드물게 두 명이 역할을 나누어 큰 업적을 이루어낸 인물들입니다. 그들이 활약할 당시 이스라엘의 상황은 어땠습니까?(느 1:3, 4:1)

느헤미야 1:3 그들이 내게 이르되 사로잡힘을 면하고 남아 있는 자들이 그 지방 거기에서 큰 환난을 당하고 능욕을 받으며 예루살렘 성은 허물어지고 성문들은 불탔다 하는지라.

느헤미야 4:1 산발랏이 우리가 성을 건축한다 함을 듣고 크게 분노하여 유다 사람들을 비웃으며,

2. 이 암담한 상황에서 에스라와 느헤미야는 무슨 일을 했습니까?(스 7:10, 느 2:5)

에스라 7:10 에스라가 여호와의 율법을 연구하여 준행하며 율례와 규례를 이스라엘에게 가르치기로 결심하였었더라.

느헤미야 2:5 왕에게 아뢰되 왕이 만일 좋게 여기시고 종이 왕의 목전에서 은혜를 얻었사오면 나를 유다 땅 나의 조상들의 묘실이 있는 성읍에 보내어 그 성[예루살렘]을 건축하게 하옵소서.

3. 느헤미야와 에스라의 업적은 단순히 성을 쌓고 백성을 모은 것에 그치지 않습니다. 그들의 진정한 업적은 무엇입니까?(느 8:18-9:3)

느헤미야 8:18-9:3 [18] 에스라는 첫날부터 끝날까지 날마다 하나님의 율법책을 낭독하고 무리가 이레 동안 절기를 지키고 여덟째 날에 규례를 따라 성회를 열었느니라 [1] 그달 스무나흗 날에 이스라엘 자손이 다 모여 금식하며 굵은 베 옷을 입고 티끌을 무릅쓰며 [2] 모든 이방 사람들과 절교하고 서서 자기의 죄와 조상들의 허물을 자복하고 [3] 이날에 낮 사분의 일은 그 제자리에 서서 그들의 하나님 여호와의 율법책을 낭독하고 낮 사분의 일은 죄를 자복하며 그들의 하나님 여호와께 경배하는데,

핵심만 콕콕!

이스라엘 백성들의 신앙 공동체를 회복시키고, 성을 다시 세우는 것은 혼자서는 할 수 없는 과중한 일이었습니다. 에스라와 느헤미야는 멋지게 역할을 분담함으로써 이 모든 일을 해내며, 훗날 예수님이 오실 모태를 마련합니다.

OPEN LIFE 오픈라이프

나눔 혼자서는 어려워서 못했던 일을 친구의 도움을 받아 해낸 적이 있다면 얘기해보세요.

실천 우리 교회 안에 서로 협력하며 봉사하는 목사님, 장로님, 선생님들이 계실 것입니다. 그분들이 청소년 시절부터 어떻게 친구들과 사역에 대한 꿈과 우정을 나누어 왔는지 찾아가 얘기를 들어보세요. 나도 친구와 더불어 앞으로 어떤 일을 할 수 있을지 생각하고 얘기를 나누어보세요.

주님, 저에게도 믿음의 파트너를 만날 수 있게 해주세요. 서로 도우며 하나님나라를 위해 열심히 달려갈 수 있게 해주세요.

session **12**

에스더 : 세상에서 당당한 크리스천

나도 나의 시녀와 더불어 이렇게 금식한 후에 규례를 어기고 왕에게 나아가리니 죽으면 죽으리이다 하니라(에 4:16).

OPEN MIND 오픈마인드

위의 에스더처럼 이러지도 저러지도 못하며 갈등했던 적이 있었다면 얘기해보세요.

OPEN BIBLE 오픈바이블

1. 멸망한 이스라엘 출신인 에스더는 오늘 본문에서 어떤 신분으로 나오고 있습니까?(에 2:17, 10)

에스더 2:17 왕이 모든 여자보다 에스더를 더 사랑하므로 그가 모든 처녀보다 왕 앞에 더 은총을 얻은지라 왕이 그의 머리에 관을 씌우고 와스디를 대신하여 왕후로 삼은 후에.

에스더 2:10 에스더가 자기의 민족과 종족을 말하지 아니하니 이는 모르드개가 명령하여 말하지 말라 하였음이라.

2. 에스더의 동족인 유다인들에게 무슨 일이 생겼습니까?(에 3:5-6)

에스더 3:5-6 [5] 하만이 모르드개가 무릎을 꿇지도 아니하고 절하지도 아니함을 보고 매우 노하더니 [6] 그들이 모르드개의 민족을 하만에게 알리므로 하만이 모르드개만 죽이는 것이 부족하다고 생각하고 아하수에로의 온 나라에 있는 유다인 곧 모르드개의 민족을 다 멸하고자 하더라.

3. 에스더는 민족의 위기 앞에서 어떤 어려운 결단을 합니까?(에 4:11, 16)

에스더 4:11 왕의 신하들과 왕의 각 지방 백성이 다 알거니와 남녀를 막론하고 부름을 받지 아니하고 안뜰에 들어가서 왕에게 나가면 오직 죽이는 법이요 왕이 그 자에게 금규를 내밀어야 살 것이라 이제 내가 부름을 입어 왕에게 나가지 못한 지가 이미 삼십 일이라 하라 하니라… [16] 당신은 가서 수산에 있는 유다인을 다 모으고 나를 위하여 금식하되 밤낮 삼 일을 먹지도 말고 마시지도 마소서 나도 나의 시녀와 더불어 이렇게 금식한 후에 규례를 어기고 왕에게 나아가리니 죽으면 죽으리이다 하니라.

에스더 4:16 당신은 가서 수산에 있는 유다인을 다 모으고 나를 위하여 금식하되 밤낮 삼 일을 먹지도 말고 마시지도 마소서 나도 나의 시녀와 더불어 이렇게 금식한 후에 규례를 어기고 왕에게 나아가리니 죽으면 죽으리이다 하니라.

핵심만 콕콕!

망한 나라 유다 출신이었던 에스더가 제국의 왕후로 출세합니다. 하지만 자신의 민족인 유다인들이 죽을 운명에 놓이자 그들을 구하기 위해 자신이 가진 것들을 다 포기합니다. 에스더는 언제, 어디서나 자신의 정체성을 잊지 않는 크리스천들의 본이 됩니다.

OPEN LIFE 오픈라이프

나눔 자신이 크리스천임을 밝히기 부끄러울 때가 있었나요? 언제 그랬는지 얘기해보세요.

실천 신앙인이라고 해서 살면서 실수하지 않는 것은 아닙니다. 하지만 우리가 믿는 하나님의 말씀은 완전하고 시대를 초월하는 능력이 있습니다. 한 주 동안 다음의 말씀을 암송하며 당당한 크리스천으로 살기를 결심해보세요.

> 내가 복음을 부끄러워하지 아니하노니
> 이 복음은 모든 믿는 자에게 구원을 주시는
> 하나님의 능력이 됨이라 먼저는 유대인에게요
> 그리고 헬라인에게로다(롬 1:16).

주님, 언제, 어디서나 당당한 크리스천으로 나설 수 있게 도와주세요. 제가 믿는 예수님의 복음이 모든 사람에게 구원을 주시는 하나님의 능력이 됨을 기억하고 그 능력을 경험하며 살아가게 해주세요.

MEMO

다.세.연 www.daseyeon.org

다음세대를 섬기는 사람들의 연대(이하 다.세.연)는 다음세대가 하나님께서 주신 은사와 재능을 가지고 하나님의 부르심에 응답하며 행복한 삶을 살 수 있도록 섬기는 사람들의 연대 기구다.

2005년 결성된 이후로 서울 강남 지역의 중고등학교 캠퍼스 사역에 집중해오던 다.세.연.은 하나님의 섬세한 계획 가운데 김용재 목사(前 NECTAR 대표 간사, 前 소망교회 청소년 팀장), 김정윤 목사(사랑의교회 청소년부서 디렉터), 김종설 목사(영동교회 청소년 팀장), 이재욱 목사를 비롯한 여러 청소년 사역 현장 전문가들이 한뜻을 모으게 되면서 사역의 방향을 새롭게 전환하고 제2의 창립을 시도하게 되었다.

이제 다.세.연.은 특정지역과 대상에 국한되어 있는 사역의 한계를 넘어 전국 각지의 청소년 사역자, 교회 그리고 사역단체들과 힘을 합하여 상대적으로 소외된 지역의 청소년 사역이 건강하게 이루어질 수 있도록 섬기고자 작은 발걸음을 내딛고 있다.

■ 주 집필

이재욱 목사

서울 대방중앙교회 담임, 유스코스타(Youth KOSTA) 강사, 다.세.연. 멘토, 「수련회 카운터펀치를 날리다」(BIM), 「중고등부, 2년 안에 성장할 수 있다」, 「교사를 다시 일으켜 세우는 5가지 힘」, 「부족해도 괜찮아」, 「내 주인의 정원」(이하 좋은씨앗) 저자. cteen@hanmail.net

■ 객원 집필

김용철 목사

서울 신당중앙교회 중고등교육팀

문근식 목사

용인 성서교회 청소년부, 「어? 되네! 청소년 전도」(좋은씨앗) 저자

박건용 목사

서울 대방중앙교회 교육 디렉터, 전 조코재미 PD, BIM 멀티미디어 팀장

이영표 목사

인천 수봉산교회 중등부